# Salawat d'Immenses Bénédictions

# *Ṣalawāt d'Immenses Bénédictions*

## Pour se libérer de la Magie Noire, Résoudre les Problèmes Conjugaux et se libérer de l'Énergie Négative

Du livre de *Talkhīṣ al-Maʿarif*
par Sayyid Mouḥammad ʿĀrif

Compilation et Explication de
Cheikh Mouḥammad Hisham Kabbani

PUBLIE PAR L' INSTITUT POUR LE PROGRES SPIRITUEL ET CULTUREL

ISBN : 978-1-938058-16-5

Publiè et Distribuè par:

Institute for Spiritual and Cultural Advancement (ISCA)
17195 Silver Parkway, #201
Fenton, MI 48430 USATel: (888) 278-6624
Fax: (810) 815-0518Email: staff@naqshbandi.org
Web: http://www.naqshbandi.org

Salawat D'Immenses Bénédictions

ISBN: 978-1-938058-16-5

Library of Congress Cataloging-in-Publication Data

Kabbani, Muhammad Hisham.
Islamic devotional compiled by Shaykh Muhammad Hisham Kabbani. --1st ed.
p. cm. -- (*šalawāt* of tremendous blessings)

Spiritual discourses of Shaykh Muhammad Hisham Kabbani. -- 1st ed.
p. cm. -- (To remove black magic, marital problems and negative energy from your life)
ISBN: 978-1-930409-91-0 (alk. paper)
1. Naqshabandiyah. 2. Sufism. I. Title.
BP189.7.N352K327 2012
297.4'8--dc22
2010044186

PRINTED IN THE UNITED STATES OF AMERICA

15 14 13 12 11 05 06 07 08 09

Cheikh Mouḥammad Hisham Kabbani est un savant Musulman et representant de Cheikh Mouḥammad Nāzim ʿAdil al-Haqqānī, leader mondial de l'ordre Soufi Naqshbandi-Haqqani. Il est autorisé à enseigner la Loi Islamique et de conseiller les disciples à travers le monde dans la science et les principes du Tassawwouf (Soufisme), les enseignements mystiques qui remontent du temps du Prophète Mouħammad (Les Saluts et Bénédictions d'Allāh ﷻ sur lui).

Pour plus d'information sur le Tassawwouf, ou sur les enseignements de l'Islam modéré ou les fruits de trois décennies se sensibilisation de chefs d'états, de conseillers de politique extérieur, de ministres de gouvernement, de journaux et d'émission médiatiques, de leaders d'autres confessions ou d'organisions confessionnelles, veillez visiter ces site websites:

www.islamicsupremecouncil.org   www.eshaykh.com
www.Sufilive.com   sufismcentre.co.uk

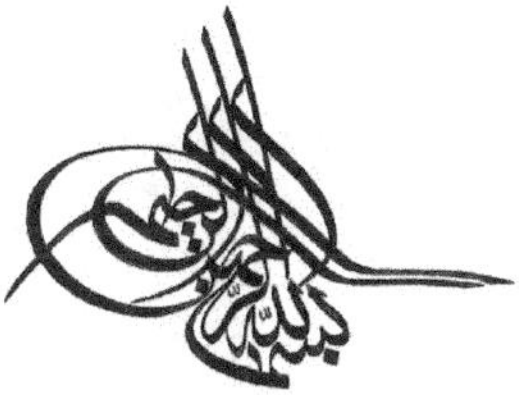

إِنَّ اللهَ وَمَلَائِكَتَهُ يُصَلُّونَ عَلَى النَّبِيِّ

يَا أَيُّهَا الَّذِينَ آمَنُوا صَلُّوا عَلَيْهِ وَسَلِّمُوا تَسْلِيمًا

*Inna 'Llāha wa malā'ikatahou youssalloūna ʿalā 'n-nabīyy, yā ayyouha 'Lladhīna āmanooū salloū ʿalayhi wa sallimoū taslīma.*

*Certes, Allāh et Ses Anges prient sur le Prophète. O vous qui croyez! priez sur lui et adressez-lui vos salutations!*

(*Sourat al-Aḥzāb*, 33:56)

# Table de Matières

DEDICATION ... XI
FOREWORD DE MAWLANA CHEIKH NAZIM AL-HAQQANI ... XII
PREFACE ... XVII
INTRODUCTION ... XXI
NOTES DE L'ÉDITEUR ... XXV
TRANSLITERATION ... XXVII
FADĀ'IL AṢ-ṢALĀT 'ALĀ 'N-NABĪ ... 1
LES BIENFAITS DE LA LOUANGE DU PROPHÈTE ... 5
LES ÉLIMINENT LES DIX-SEPT MAUVAISES CARACTÉRISTIQUES ... 11
LES INSTRUCTIONS POUR LA RÉCITATION DE DANS CE LIVRE ... 13
RÉCITATIONS JOURNALIÈRES ... 14
1) Ṣalawāt Noūrānīyyah/ Ṣalawāt al-Badawī al-Kubrā, Salutation de l' Īmām Ahmad al-Badawī ... 17
2) Ṣalāt al-Fātiḥ, La Salutation du Vainqueur ... 20
3) Ṣalāt al-Munajīyyah / Ṣalāt Tunjīnā ... 22
4) Ṣalāt al-'Ālī al-Qadr ... 24
5) Ṣalawāt at-Taḥīyyāt ... 26
6) Jawharat al-Kamāl, le Joyau de la Perfection ... 27
7) Ṣalawāt Ūli 'l-'Azam ... 30
8) La Ṣalawāt de Grandcheikh 'AbdAllāh ... 31
9) Ṣalawāt al-Askandarī ... 33
10) Ṣalawāt al-Bakrī ... 36
11) La Ṣalawāt qui Équivaut à 100.000 Ṣalawāts ... 37

12) Ṣalāt al-Kāmil, la Prière Parfaite sur le Prophète ........ 38
13) Ṣalawāt Kamālīya, la Louange de la Perfection ........ 39
14) Ṣalāt as-Saʿadah, Louanges de Bonheur ........ 41
15) Ṣalawāt adh-Dhātīyyah, Prière de Son Essence ........ 42
16) Variation de la Ṣalawāt al-Askandarī ........ 45
17) Sayyid aṣ-Ṣalawāt, la principale Ṣalawāt sur le Prophète ........ 48
18) La Ṣalawāt de Sayyīdinā ʿAlī ........ 52
**À RECITER LE JOUR DE *JUMUʿAH* ........ 54**
1) La Ṣalāt al-ʿĀlī al-Qadr ........ 55
2) La Ṣalawāt de Sayyīdinā ʿAlī ........ 57
3) Ṣalawāt Pour voir Ton Seigneur en Rêve ........ 59
**À RECITER POUR DES GAINS SPECIFIQUES ........ 61**
1) Ṣalawāt Pour Voir le Prophète en Rêve ........ 62
2) Ṣalawāt Shafaʿah, Pour Voir le Prophète en Rêve ........ 63
3) La Ṣalawāt pour Shifā (Guérison) ........ 65
4) Ṣalawāt récitée par l'Imam ach-Chāfiʿī ........ 67

# Dédication

En premier lieu, ce livre est dedié à l'amour du Prophète Mouḥammad ﷺ et à tous les Ahlou 's-Sounnah wa 'l-Jama'ah qui sont toujours résolus avec un profond respect à la mention de Sayyīdinā Mouḥammad ﷺ et ses Sahābah ؓ.

Il est aussi dédié aux chouyoūkh de l'éminent Chaîne Dorée de l'Ordre Soufi Naqchbandi, spécialement à Sayyīdī Cheikh Mouḥammad Nāzim 'Adil al-Haqqānī ق et tous ses disciples et à tous les machayeikh des autres vénérés tarīqats et leurs disciples.

Qu'Allāh ﷻ les accorde une part de récompense de cet humble effort.

# Foreword de Mawlana Cheikh Nazim Adil an-Naqchbandi

LOuanges à Dieu Le Très Haut Qui créa l'univers à Partir de Rien, Qui donna existence aux Créations et les illumina avec Sa Lumière, les décora de Ses Noms et Attributs et les fit réfléchis dans le Miroir de Sa Réalité. Il honora Ses serviteurs spéciaux en les permettant d'observer la splendeur de Sa lumière et manifesta sur eux Sa constance Présence en les élevant à un niveau exalté!

Louange à Dieu qui rependit abondamment Son Amour Divin sur les Gens d'Extase et les revêtit de Son acceptante et satisfaction, qui bénit ceux qui sont embarqué dans la recherché de la voie la plus exaltée qui mène à Lui. Il permet à qui Lui plait d'entrer en Sa présence et recevoir Ses Mots qui sont l'Origine des Origines, la Réalités des Réalités, la Lumières des Lumières! Louanges à Lui, et à travers Sa Louange, je Lui demande de nous ouvrir les portes de Sa Bonté Divine, et nos remerciements envers Lui sont embaumés de parfum de roses de Ses Noms!

J'atteste qu'Il est le Seul digne d'être adore, et Il est la Seule Source de Bonté. J'atteste que Son Messager, notre supporteurs, Sayyīdinā Mouḥammad ﷺ, Son sincère et serviteur loyal qu'Il a choisi pour être le Coeur de Son Essence Divine. Que Dieu répande Ses Bénédictions sur Son bien-Aimé Prophète Mouḥammad ﷺ, sur sa noble Famille ؑ ses Compagnons ؓ, sur tous ceux suivent sa voie, sur tous les Saints et Maitres du Très Distingué Ordre Naqchbandi et tous les autres Ordres Soufis.

Que les Salutations et les bénédictions de Dieu soient sur notre bien-aimé Prophète Mouḥammad ﷺ, qui est le soleil de La Lumière Invisible de la Présence Divine qui apparut et éclipsa la lumière du soleil ! Autant il percevait il informait, et autant qu'il découvrait il décrivait. De sa Lumière, la Lumière de la Prophétie s'illumina, et par conséquent, les Lumières des prophètes apparurent. Vous ne saurez trouver une lumière semblable à la sienne. Qui peut être plus radieux que Celui qui brille sur Toute la Création ? Sa ferveur précède toutes les ferveurs. Son existence précède le Néant Absolu et son nom précède la Plume parce qu'il fut avant tout ce qui est et il est le Maitre de cette Création!

Son nom est Mouḥammad ﷺ! Il est unique! Sa parole s'est confirmée! Ses attributs sont les plus honorés! O Humanite! méditez sur son apparence, sur ses visions, sa grandeur, sa notoriété, sa Lumière, sa pureté, sa saintété, son pouvoir, sa Réalité et son Essence! Il fut et demeure depuis la pré-Eternité à l'après-Eternité. Il fut connu avant les univers et la Création. Il était connu comme «le Coeur de l'Essence» en la Présence Divine de Dieu qui s'est manifesté à travers lui.

Il est le sincere serviteur de son Seigneur depuis ce temps. Il fut mentioné avant qu'il n'ait un «avant», et il sera après qu'il ait un «après». Il est le Signe de tous les signes. Il est la perle de tous les joyaux. Il est l'arc-en-ciel de toutes les couleurs. Il est connecté à Dieu Tout Puissant, et jamais il est ou ne peut en être déconnecté !

Tous les savoirs ne sont qu'une goutte dans son ocean. Tous les siècles ne sont qu'un moment dans sont temps. Il est la vérité et la réalité de l'existence.

Il est le premier dans la connection et le dernier dans la prophétie. Il est l'interne dans la vérité et l'externe dans la connaissance. He is the internal in truth and the external in knowledge.

Dieu Tout Puissant l'envoya en tant que Son Representant de Sa Lumière, aussi en tant qu'un sincere serviteur pour Sa creation, le rehaussant en Sa Présence Divine et juxtaposant son nom auprès du Sien. Il fut Prophète lorsqu'Adam عليه السلام était entre l'eau et l'argile!

Salutations de paix sur sa Famille et ses illustres Compagnons—que Dieu soit satisfait d'eux, tous—qui furent guidés par la grandeur de ses actions, la clareté de son parler, la Lumière de son être et la perfection de sa religion; qui s'abreuvèrent à la source des océans de ses bonnes manière ; son moralité et sa perfecte personnalité; qui, dans l'acquisition de la connaissance et de la vérité, s'immersèrent dans la fontaine de ses sécrets!

Pour tous ceux qui le lisent, que ce livret soit une source constance de connection à notre bien-aimé Prophète ﷺ, et qu'il leur ouvre d'inombrable bénédictions, purifie les cœurs, les soulage de leurs fardeaux et écrase l'influence et l'interférence de Chaytan dans leurs vies.

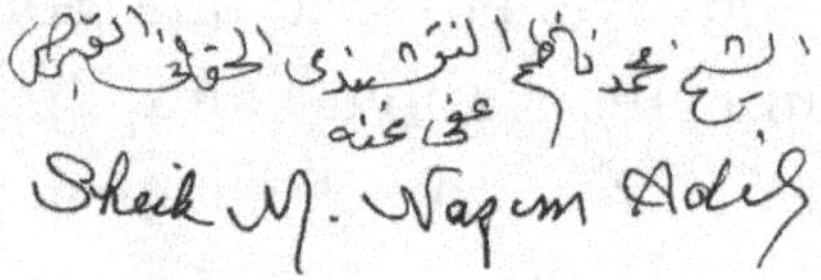

Pour plus d'information sur les bénéfices et les pouvoirs secrets de *ṣalawāt,* veillez visiter www.Sufilive.com sur les séries récentes des enseignements de Mawlana Cheikh Nazim sur «L'importance de *ṣalawāt* sur le Prophète ﷺ» qui s'étendent sur plus de deux douzaines de vidéo de discours et de transcription. Pour télécharger des documents imprimables et enregistrement audio des *ṣalawāt* de ce livret, veillez aller sur http://www.sufilive.com/*salawāt*/.

# Preface

Le but principal en rédigeant ces *ṣalawāt* spécifiques est de montrer la Grandeur qu'Allāh ﷻ a conféré à Son Bien Aimé, le Prophète Mouḥammad ﷺ, et de faire ressortir le langage sophistiqué et élégant des savants du passé et des *awlīyāullāh* à travers le monde qui sont absent des compositions modernes.

Du Nord au sud de l'Afrique, du Sous continent, à travers les pays Arabes à l'Extrême Orient et aux confins de l'Occident jusqu'à ce jour, les géants spirituels qui composèrent ces requêtes empoignantes, éloquentes à faire vibrer le coeur à leur Seigneur en guise de louange exaltante à Son Bien Aimé ﷺ sont incomparables dans l'expression de l'essence de la plus haute forme d'amour!

A l'exception de peu comme le bien connu sacré *Qaṣīdat al-Burdatu 'sh-Sharīfah, Qaṣīdat al-Mudarīyyah fī Madḥ Khayri 'l-Barīyyah*[1] et *Dalā'il al-*

---

[1]Les deux qaṣa'id ont été composées par le Cheikh Imam Shadhili Muhammad al-Busiri (d. 1294), égyptienne (origine berbère marocaine).

*Khayrāt*[2], nous n'avion pas vu de similaire de tels transcendant, illuminant vers.

Allāh ﷻ ordonna à tous les anges – ceux qu'ils créa dans le passé ou le présent, et ceux qu'Il créera dans le future – de continuellement faire *ṣalawāt* sur le Prophète ﷺ[3], pas une seule fois, mais constamment faire ses éloge sans arrêt à chaque moment depuis leur création et ceci jusqu'au Jour Du Jugement!

La Grandeur qu'Allāh ﷻ a manifesté sur Son Prophète ﷺ est dans l'unique *ṣalawāt* de chaque ange, laquelle ne peut être répétée! Un nombre infini d'anges, continuellement, récitent un nombre infini de *ṣalawāt* jamais récité auparavant et jamais ne sera réciter encore. Leur seconde récitation n'est pas similaire à leur première et leur quatrième récitation n'est aucunement semblable à leur troisième dans la mesure où individuellement chaque  qu'ils récitent leur parvient comme apparence Divine!

---

[2] Imam Muḥammad al-Jazoūlī, Morocco (d.1465).

[3] Holy Qur'an, Surat al-Aḥzāb, 33:56.

Ne pensons pas que ceci est extrême ou une exagération; la Grandeur d'Allāh ﷻ est à jamais Haute, et Il est more capable que ceci!

# Introduction

*Ṣalawāt,* l'invocation de louange sur le Prophète Mouḥammad ﷺ, est un Ordre Divin à tous les croyants (Saint Coran, 33:56). Récité depuis la création de l'humanité, *ṣalawāt* est le moyen par lequel l'on attaint de hauts niveaux spirituel et de s'approcher d'avantage d'Allāh Almighty et Son Bien Aimé Prophet ﷺ.

*ṣalawāt* est reconnu raffiner le Cœur spiritual, lui permettant de refléter les attributs divins qui sont souvent entravés par les préoccupations de la vie mondaine. De manière spécifique, la fréquente récitation de ressasser les *ṣalawāt* développe le bon caractère, accroît les bon désirs, amenuise le caractère répréhensible et débarrasse des désirs odieux.

Ce livret est une collection de *ṣalawāt* connu pour accélérer le progrès spiritual, authentifiés par le Prophète ﷺ et les éminents savants et mystiques tout au long de 1500 années d'histoire.

Quiconque recite *ṣalawāt,* qu'Allāh ﷻ include a share with every worshipper in this life with the worship of the Prophet ﷺ, the *Ṣaḥābah* and all *awlīyāullāh*. Si nous pouvons lire ces *ṣalawāts, alḥamdoulillāh;* si nous ne pouvons pas, alors disons: *"Yā Rabbī*! Quelque soit le *ṣalawāt* que les gens ont fait sur le Prophète ﷺ, fait nous bénéficier de leur recompence ». C'est la façon la plus rapide de réussir. Allāh ﷻ dit: *"Appelez-Moi, Je vous répondrai!"* (Saint Coran, S.40:V.60). Alors nous implorons: *"Yā Allāh*! Pour l'amour du *maʿsoūmīn,* l'Infallible, donne nous une part des recompenses de l'adoration de Tes Prophètes, spécialement celles de Sayyīdinā Mouḥammad ﷺ!"

Comme Grandcheikh ʿAbdAllāh ق nous l'a enseigné, si tu ne peux recite toutes ces *ṣalawāts*, dit: *"Yā Rabbī, nawaynā mithla mā nawā Mawlanā Cheikh*. O mon Seigneur! Nous prenons la meme intention que Mawlana Cheikh", et la meme recompense vous serez donnée parce qu'il est très difficile de les lires toutes. Telle es la voie la plus facile et celle des *awlīyāullāh*.

Grandcheikh ʿAbdAllāh ق nous montra son grand amour pour le Prophet ﷺ et nous enseigna cet amour, et Mawlana Cheikh Nazim ق en fit de même – qu'Allāh ﷻ lui donne une longue vie de même qu'à tous les *awlīyāullāh* et les savants cités dans cet humble livret. Nos demandons à ce que nos intentions soient les même que les leurs, et nous demandons leur support puisque nous sommes faibles, impuissant, défaillant dans toute chose et ne pouvons rien accomplir de nous même. Nous pouvons toute notre vie essayer d'accomplir quelque chose mais notre effort est toujours à l'image de celui d'une fourmi ou probablement moindre! Ne vous mettez pas en idée que votre ʿamal vous sauvera parce que seuls leur support et intercession peuvent nous donner une garantie!

De ce fait, nous demandons au Prophet ﷺ et Grandcheikh ق d'interceder pour nous et nous permettre d'être en leur compagnie en *dunyā* et *Ākhirah*! Ils peuvent nous tenir compagnie mais nous ne pouvons être avec eux s'ils ne nous ouvrent cette porte et nous y faire entrer ni nous ne pouvons entrer dans cette réalité par nous même.

Cheikh Mouḥammad Hisham Kabbani
Septembre 2012

# Notes de l'Éditeur

Les symboles suivants sont universellement reconnus et utilisés dans cette œuvre. Quoi qu'ils puissent être récurrents, ils sont profondément appréciés par nos lecteurs.

ﷻ *Soubḥānahou wa Taʿālā* (Gloire à Dieu, le Plus Haut), une louange adressée à Dieu après avoir mentionné le nom «Allāh» et tout autre nom Islamique de Dieu.

ﷺ *SallAllāhou ʿalayhi wa sallam* (Les Saluts et bénédictions de Dieu sur lui), récité après le saint nom du Prophète Mouḥammad ﷺ.

عليه السلام *ʿAlayhi 's-salām* (Que la paix soit sur lui/elle), récité après les saints noms des autres prophètes, les noms des membres de la famille du Prophète Mouḥammad, les pures et vertueuses femmes en Islam et les anges.

رضي الله عنه *Radī-Allāhou ʿanhou/ʿanhā* (Que Dieu soit satisfait de lui/d'elle), une prière récitée pour un homme ou une femme qui a été un compagnon du Prophète Mouḥammad ﷺ; pluriel: *radiallāhou ʿanhoum.*

ق *QaddasAllāhou sirrah* (Que Dieu sanctifie son secret), récité après le nom des saints.

# Translitération

Pour faciliter une prononciation authentique des noms, des lieux et termes, veuillez consulter la table ci-dessous:

| Symbol | Transliteration | Symbol | Transliteration | VoyellesLongues | |
|---|---|---|---|---|---|
| ء | ’ | ط | ṭ | آ ى | ā |
| ب | b | ظ | ẓ | و | ū |
| ت | t | ع | ‘ | ي | ī |
| ث | th | غ | gh | Courtes | |
| ج | j | ف | f | ◌َ | a |
| ح | ḥ | ق | q | ◌ُ | u |
| خ | kh | ك | k | ◌ِ | i |
| د | d | ل | l | | |
| ذ | dh | م | m | | |
| ر | r | ن | n | | |
| ز | z | ه | h | | |
| س | s | و | w | | |
| ش | sh | ي | y | | |
| ص | ṣ | ة | ah; at | | |
| ض | ḍ | ال | al-/’l- | | |

# Faḍā'il aṣ-Ṣalāt 'alā 'n-Nabī

## فضائل الصلاة على النبي

نقل الإمام الشعراني في كتاب حدائق الأنوار في الصلاة والسلام على النبي المختار، في الثمرات التي يجتنيها العبد بالصلاة على رسول الإسلام محمد والفوائد التي يكتسبها ويقتنيها:

1. امتثال أمر الله بالصلاة عليه.
2. موافقته سبحانه وتعالى في الصلاة عليه.
3. موافقة الملائكة في الصلاة عليه.
4. حصول عشر صلوات من الله تعالى.
5. أن يرفع له عشر درجات.
6. يكتب له عشر حسنات.
7. يمحى عنه عشر سيئات.
8. ترجى إجابة دعوته.
9. أنها سبب لشفاعته صلى الله عليه وسلم.
10. أنها سبب لغفران الذنوب وستر العيوب.
11. أنها سبب لكفاية العبد ما أهمه.
12. أنها سبب لقرب العبد منه صلى الله عليه وسلم.
13. أنها تقوم مقام الصدقة.
14. أنها سبب لقضاء الحوائج.

15. أنها سبب لصلاة الله وملائكته على المصلي.

16. أنها سبب زكاة المصلي والطهارة له.

17. أنها سبب لتبشير العبد بالجنة قبل موته.

18. أنها سبب للنجاة من أهوال يوم القيامة.

19. أنها سبب لردّه صلى الله عليه وسلم على المصلى عليه.

20. أنها سبب لتذكر ما نسيه المصلي عليه صلى الله عليه وسلم.

21. أنها سبب لطيب المجلس وأن لا يعود على أهله حسرة يوم القيامة.

22. أنها سبب لنفي الفقر عن المصلي عليه صلى الله عليه وسلم.

23. أنها تنفي عن العبد اسم البخل إذا صلى عليه عند ذكره صلى الله عليه وسلم.

24. نجاته من دعائه عليه برغم أنفه إذا تركها عند ذكره صلى الله عليه وسلم.

25. أنها تأتي بصاحبها على طريق الجنة وتخطئ بتاركها عن طريقها.

26. أنـها تنجـي من نتن المجلس الذي لا ذكر فيه اسم الله ورسوله صلى الله عليـه وسلم.

27. أنها سبب لتمام الكلام الذي ابتدئ بحمد الله والـصلاة على رسولـه صلى الله علـيه وسلم.

28. أنها سبب لفوز العبد بالجواز على الصراط.

29. أنه يخرج العبد عن الجفاء بالصلاة عليه صلى الله عليه وسلم.

30. أنها سبب لإلقاء الله تعالى الثناء الحسن على المصلي عليه صلى الله عليه وسلم بين السماء والأرض.

31. أنها سبب رحمة الله عز وجل.

32. أنها سبب البركة.

33. أنها سبب لدوام محبته صلى الله عليه وسلم وزيادتها وتضاعفها وذلك من عقود الإيمان لا يتم إلا به.

34. أنها سبب لمحبة الرسول صلى الله عليه وسلم للمصلي عليه صلى الله عليه وسلم.

35. أنها سبب لهداية العبد وحياة قلبه.

36. أنها سبب لعرض المصلي عليه صلى الله عليه وسلم وذكره عنده صلى الله عليه وسلم.

37. أنها سبب لتثبيت القدم يعني على الصراط.

38. تأدية الصلاة عليه لأقل القليل من حقه صلى الله عليه وسلم وشكر نعمة الله التي أنعم بها علينا.

39. أنها متضمنة لذكر الله وشكره ومعرفة إحسانه.

40. أن الصلاة عليه صلى الله عليه وسلم من العبد دعاء وسؤال من ربه عز وجل فتارة يدعو لنبيه صلى الله عليه وسلم وتارة لنفسه ولا يخفى ما في هذا من المزية للعبد.

41. من أعظم الثمرات وأجل الفوائد المكتسبات بالصلاة عليه صلى الله عليه وسلم انطباع صورته الكريمة في النفس.

42. أن الإكثار من الصلاة عليه صلى الله عليه وسلم يقوم مقام الشيخ المربي.

# Les Bienfaits de la Louange du Prophète ﷺ

L'imam ach-Cha'rani ﷺ, dans son livre intitulé «Les Jardins de Lumière émanant des louanges et salutations sur le Prophète Élu», présente quelques-uns des fruits recueillis par le serviteur qui loue le Messager de l'Islam, Sayyīdinā Mouḥammad ﷺ.

1. La louange du Prophète ﷺ est obéissance à Allāh ﷻ.
2. En le louant, nous imitons Allāh ﷻ en un point précis.
3. En le louant, nous imitons les anges.
4. Nous recevons dix *ṣalawāt* de la part d'Allāh ﷻ pour chaque *ṣalawāt* que nous faisons.
5. Nous sommes élevés de dix niveaux.
6. Nous obtenons dix bonnes actions.
7. Nous sommes débarrassés de dix péchés.
8. La prière de celui qui offre la louange est acceptée.

9. C'est le moyen d'obtenir l'intercession de Sayyīdinā Mouḥammad ﷺ.
10. C'est le moyen d'obtenir le pardon et de voiler nos déficiences.
11. C'est le moyen de repousser ce qui trouble un serviteur.
12. C'est le moyen de se rapprocher de Sayyīdinā Mouḥammad ﷺ.
13. Cela équivaut à de la charité.
14. C'est le moyen par lequel les vœux sont réalisés.
15. C'est le moyen pour recevoir les *ṣalawāt* des anges.
16. C'est le moyen par lequel on se purifie.
17. C'est le moyen par lequel un serviteur recevra la bonne nouvelle de son entrée au Paradis avant sa mort.
18. C'est le moyen d'éviter les épreuves du Jour du Jugement.
19. C'est le moyen pour bénéficier de la salutation retour du Prophète ﷺ.
20. C'est le moyen par lequel on se souvient de ce que l'on a oublié.

21. C'est le moyen par lequel une rencontre est bénie et ceux qui y ont participé ne seront aucunement tristes le Jour du Jugement.
22. C'est le moyen pour ceux qui le louent d'éloigner la pauvreté.
23. Une personne qui loue le Prophète ﷺ ne peut plus être qualifiée d'avare (car est avare celui qui entend son nom et rechigne à le louer).
24. C'est une protection contre la malédiction à l'encontre de ceux qui entendent son nom et rechignent à le louer.
25. Les *ṣalawāt* sur le Prophète ﷺ servent de guide vers le Paradis à celui qui s'y adonne et détourne de ce chemin celui qui l'abandonne.
26. La délivrance de la puanteur d'une assemblée où Allāh ﷾ et Son Prophète ﷺ ne sont pas mentionnées.
27. Cela permet de parfaire le discours de celui qui commence par louer Allāh ﷾ et Son Prophète ﷺ.

28. C'est le moyen par lequel un serviteur se verra accorder le passage sur le Pont (Sirat al-Moustaqim).
29. Cela élimine le mécontentement d'Allāh ﷾ envers le serviteur.
30. C'est un moyen pour celui qui s'y adonne d'obtenir la mention d'Allāh ﷾ haut dans les cieux et sur terre.
31. C'est le moyen par lequel on gagne la Miséricorde d'Allāh ﷾.
32. C'est le moyen d'avoir des bénédictions.
33. C'est le moyen, le pré requis, la marque de notre foi pour permettre à notre amour pour Sayyīdinā Mouḥammad ﷺ de s'accroître.
34. C'est le moyen par lequel on acquiert l'amour du Prophète ﷺ.
35. C'est le moyen de guider le serviteur et de raviver son cœur.
36. C'est le moyen pour le serviteur d'accéder et d'avoir son nom mentionné en présence du Prophète ﷺ.
37. C'est le moyen par lequel nos pas se raffermissent sur le chemin.

38. Faire des *ṣalawāt* sur lui ne saurait lui rendre la plénitude de ses droits mais c'est un symbole de gratitude à son endroit.
39. Les *ṣalawāt* renferment un aspect inhérent de gratitude, dhikroullah, envers Allāh ﷻ pour Ses faveurs sur nous.
40. Les *ṣalawāt* d'un serviteur sont des supplications au Seigneur au compte du Prophète ﷺ, ou souvent à son propre compte, ce qui d'ailleurs représente un trait éloquent d'un serviteur en présence d'Allāh ﷻ.
41. L'un des effets ultime et bénéfique ineffable obtenu de la *ṣalawāt* sur le Prophète ﷺ par le serviteur est l'encrage en lui de l'honorable image prophétique.
42. Le louer de manière excessive équivaut à avoir un cheikh qui vous forme sur la voie.

# Les Éliminent les Dix-Sept Mauvaises Caractéristiques

Tel qu'enseigné par le maître soufi Abū 'l-Ḥasan al-Kharqānī ق[1], pour atteindre la station de *Tazkīyyat an-Nafs*, «La purification de l'âme», l'on doit tout d'abord éliminer les dix-sept mauvaises caractéristiques de l'ego tyrannique tel que mentionné ci-dessous.[2] Récitez des *ṣalawāt* autant que possible accélère le processus d'élimination.

Les dix-sept caractères destructeurs (*al-Akhlāqu 'dh-Dhamīmah)*

1. La colère (*al-Ghaḍab*)
2. L'amour de ce monde matériel (*Ḥubbu 'd-Dunyā*)
3. La méchanceté, la haine (*al-Ḥiqd*)
4. La jalousie, l'envie (*al-Ḥasad*)
5. La vanité, la suffisance (*al-ʿUjb*)
6. L'avarice, la parcimonie (*al-Bukhl*)
7. La cupidité, l'avidité (*aṭ-Ṭamaʿ*)
8. La lâcheté (*al-Jubn*)
9. La nonchalance, l'oisiveté (*al-Baṭālah*)

10. L'arrogance, l'orgueil (*al-Kibr*)
11. L'ostentation, le luxe (*ar-Rīyā'*)
12. L'attachement (*al-Ḥirṣ*)
13. La supériorité, la suffisance (*al-ʿAẓamah*)
14. L'insouciance (*al-Ghabāwah*) et la paresse (*al-Kasālah*)
15. L'anxiété (*al-Hamm*)
16. La dépression (*al-Ghamm*)
17. Les 800 actions interdites (*al-Manhīyāt*)

## Notes bas de page

1- Perse (d. 1033). Farīd al-Dīn ʿAttār, le fameux poète perse soufi, l'a appelé «Le roi des rois des maîtres soufis». Il était aimé et admiré par les grands poètes et philosophes de son temps (c.f. Avicenna, Shah Mahmoūd of Ghazna, Aboū-Saʿīd Abu 'l-Khayr, Nāsir Khusraw).

2- Extrait de «La science soufie de l'accomplissement de soi – Une approche des dix-sept caractères destructifs, les dix étapes pour être un disciple et les six réalités du cœur». Kabbani, Cheikh Mouḥammad Hicham, 2005. (Louisville, Fons Vitae, 2006), vii.

## Les Instructions Pour la Récitation de dans ce Livre.

Grandcheikh AbdAllāh al-Fā'iz ad-Dāghestānī ق disait souvent «le plus grand des miracles est le fait d'être constant (dans les pratiques religieuses)». Il est préférable de débuter graduellement en accomplissant des pratiques religieuses que vous n'allez pas arrêter, plutôt que de commencer par une longue liste de pratiques que vous ne serez pas en mesure de faire de manière continue.

Afin d'établir un pratique journalière de lecture de ṣalawāt, nous recommandons tout d'abord de lire chaque jour une ṣalawāt du livre en suivant le nombre prescrit de répétitions. Par exemple, commencez par «1) Ṣalawāt Noūrānīyyah (lire une fois)», puis le lendemain, lisez «2) Ṣalāt al-Fāṭiḥ, (lire un à dix fois après la prière de ʿIshā)», etc. Ainsi, ceux qui lisent recevront les bienfaits de réciter des ṣalawāt chaque jour et vont progressivement forger leur capacité à en lire plus, sans jamais abandonner cette pratique sacrée.

## Récitations Journalières

1. Ṣalawāt Noūrānīyyah / Ṣalawāt al-Badawī al-Koubrā, La Salutation de l'Īmām Aḥmad al-Badawī
2. Ṣalāt al-Fāṭiḥ, La Salutation du Vainqueur
3. Ṣalāt al-Munajīyyah / alāt at-Tounjīnā, La Salutation du Secours
4. Ṣalāt al-ʿĀlī al-Qadr (pour la Claustrophobie), La Salutation au Plus Haut Mérite
5. Ṣalawāt at-Tahīyyāt, La Salutation de la Prière de Bienvenue
6. Jawharat al-Kamāl, La Perle de la Perfection
7. Ṣalawāt Ouli 'l-ʿAzam, La Salutation des Prophètes de Haut Rang
8. Ṣalawāt de Grandcheikh ʿAbdAllāh
9. Ṣalawāt al-Askandarī
10. Ṣalawāt qui Équivaut à 100,000 Ṣalawāt

11. Aṣ-Ṣalāt al-Kāmil, La Prière sur Celui qui est Parfait
12. Ṣalawāt Kamālīya, La Louange de la Perfection
13. Ṣalāt as-Saʿadah, Louanges du Bonheur
14. Ṣalawāt adh-Dhātīyyah, Prière de l'Essence
15. Une Variation de Ṣalawāt al-Askandarī (numéro 9)
16. Sayyid aṣ-Ṣalawāt, Le Maître des Saluts sur le Prophète ﷺ
17. Ṣalawāt de Sayyīdinā ʿAlī رضي الله عنه

## 1) Ṣalawāt Noūrānīyyah/ Ṣalawāt al-Badawī al-Kubrā, Salutation de l' Īmām Ahmad al-Badawī

(À réciter une fois par jour)

Dans le livre *Talkhīṣ al-Maʿarif* par Sayyid Mouḥammad ʿĀrif, l'on rapporte que le walī Mouḥammad al-Talmaysānī ﵁ récita le *Dalā'il al-Khayrāt* 100.000 fois au bout desquelles il vit le Prophète ﷺ en rêve lui disant : « Oh Muhammad al-Talmaysānī! Si tu récites la *Ṣalāt an-Noūrānīyyah* d'Āḥmad al-Badawī, ce sera comme si tu avais lu le *Dalā'il al-Khayrāt* 800.000 fois!»

اَللَّهُمَّ صَلِّ وَسَلِّمْ وَبَارِكْ عَلَى سَيِّدِنَا وَمَوْلاَنَا مُحَمَّدٍ شَجَرَةِ

اْلاَصْلِ النُّوْرَانِيَّةِ، وَلُمْعَةِ الْقَبْضَةِ الرَّحْمَانِيَّةِ، وَأَفْضَلِ الْخَلِيْقَةِ

اْلاِنْسَانِيَّةِ، وَأَشْرَفِ الصُّوْرَةِ الْجِسْمَانِيَّةِ، وَمَعْدِنِ اْلاَسْرَارِ الرَّبَّانِيَّةِ،

وَخَزَائِنِ الْعُلُوْمِ اْلاِصْطِفَائِيَّةِ، صَاحِبِ الْقَبْضَةِ اْلاَصْلِيَّةِ،

وَالْبَهْجَةِ السَّنِيَّةِ، وَالرُّتْبَةِ الْعَلِيَّةِ، مَنِ انْدَرَجَتِ النَّبِيُّوْنَ تَحْتَ

لِوَائِهِ، فَهُمْ مِنْهُ وَاِلَيْهِ، وَصَلِّ وَسَلِّمْ وَبَارِكْ عَلَيْهِ وَعَلَى آلِهِ

وَصَحْبِهِ عَدَدَ مَاخَلَقْتَ، وَرَزَقْتَ وَأَمَتَّ وَأَحْيَيْتَ إِلَى يَوْمِ تَبْعَثُ مَنْ أَفْنَيْتَ، وَسَلِّمْ تَسْلِيمًا كَثِيرًا وَالْحَمْدُ لِلهِ رَبِّ الْعَالَمِينَ.

*Allāhumma ṣalli wa sallim wa bārik ʿalā Sayyīdinā wa Mawlanā Mouḥammadin shajarati 'l-aṣli 'n-nūrānīyyati wa lamʿati 'l-qabḍati 'r-raḥmānīyyati wa afḍali 'l-khalīqati 'l-insānīyyati wa ashrafi 's-sūrati 'l-jismānīyyati wa maʿdini 'l-asrāri 'r-rabbānīyyati wa khazā'ini 'l-ʿulūmi 'l-isṭifā'īyyati, ṣāḥibi 'l-qabḍati 'l-aṣlīyyati wa 'l bahjati 's-sanīyyati wa 'r-rutbati 'l-ʿalīyyati, man indarajati 'n-nabīyyūna taḥta liwā'ihi fahum minhu wa ilayhi wa ṣalli wa sallim wa bārik ʿalayhi wa ʿalā ālihi wa ṣaḥbihi ʿadada mā khalaqta wa razaqta wa amatta wa aḥyayta ilā yawmi tabʿathu man afnayta wa sallim taslīman kathīra wa 'l-ḥamdulillāhi rabbi 'l-ʿalamīn.*

Ô Allah! Bénis, salue et sanctifie notre maître et suzerain Muhammad, l'Arbre de lumière originale, l'Étincelle de la poignée de miséricorde divine, le meilleur de toute l'humanité, la plus noble des formes physiques, le Vaisseau des secrets du Seigneur et l'Entrepôt des sciences de l'élu, le Possesseur de la compréhension divine initiale, de Grâce resplendissante, du Rang le plus élevé, sous l'étendard duquel s'alignent tous les prophètes, de sorte qu'ils soient de lui et qu'ils pointent vers lui. Bénis, salue et sanctifie-le sa famille et ses compagnons, au nombre de tout ce que Tu as déjà créé, soutenu, fait mourir et amené à vivre à nouveau jusqu'au jour où Tu ressuscites ceux que Tu as réduit en poussière et salue-le d'un salut abondant et sans fin. Gloire et Louange appartiennent à Allah, le Seigneur des mondes!

## 2) Ṣalāt al-Fātiḥ, La Salutation du Vainqueur

### (À réciter au moins une fois par jour ou dix fois après ʿIshā)

Les érudits indiquèrent que si vous récitez une fois cette *ṣalawāt*, cela équivaut à la lecture du *Dalā'il al-Khayrāt* 600.000 fois. La valeur de cette *ṣalawāt* est plus grande que la récitation de *ṣalawāt* au nombre d'êtres humains depuis le temps de Sayyīdinā Adam عليه السلام jusqu'au jour du jugement dernier. Si vous avez un problème, chaque nuit après la prière d'Ishā, faites le *wudu*, priez deux *rakaʿats* puis demandez à Allāh ﷻ une ouverture, en récitant une dizaine de fois la *Ṣalāt al-Fāṭiḥ* qui est la *Ṣalāt de l'Ouvreur* ﷺ qui ouvre tout! Continuez à réciter et ne dites pas : « J'en ai assez, je ne demanderai plus » car vous serez aussi récompensé pour votre patience.

اللَّهُمَّ صَلِّ عَلَى سَيِّدِنَا مُحَمَّدٍ الفَاتِحِ لِمَا أُغْلِقَ و الخَاتِمِ لِمَا سَبَقَ
نَاصِرِ الحَقِّ بَالحَقِّ و الهَادِي إِلَى. صِرَاطِكَ المُسْتَقِيمِ و عَلَى آلِهِ حَقَّ
قَدْرِهِ و مِقْدَارِهِ العَظِيمِ

*Allāhumma ṣalli ʿalā Sayyīdinā Mouḥammadini 'l-Fāṭiḥi limā ughliqa wa 'l-khātimi limā sabaq, nāṣiri 'l-ḥaqqi bi 'l-ḥaqqa wa 'l-hādī ilā ṣirāṭika 'l-mustaqīmi wa ʿalā ālihi ḥaqqa qadrihi wa miqdārihi 'l-ʿaẓīm.*

Ô Allah! Bénis notre maître Muhammad ﷺ celui qui a ouvert tout ce qui était clos, le Sceau de ce qui a précédé, celui qui a rendu la vérité victorieuse par le biais de la vérité, le guide sur Ton droit chemin et bénis sa famille à la dimension de sa position et de son élévation suprême.

## 3) Ṣalāt al-Munajīyyah / Ṣalāt Tunjīnā

**(À réciter dix fois par jour, recommendée Mawlana Cheikh Nazim)**

اَللَّهُمَّ صَلِّ عَلَى سيدنا مُحَمَّدٍ صَلاَةً تُنْجِينَا بِهَا مِنْ جَمِيعِ الاَحْوَالِ وَالْآفَاتِ وَتَقْضِى لَنَا بِهَامِنْ جَمِيعَ الْحَاجَاتِ وَتُطَهِّرُنَا بِهَا مِنْ جَمِيعِ السَّيِّئَاتِ وَتَرْفَعُنَا بِهَا عِنْدَكَ اَعْلَى الدَّرَجَاتِ.وَتُبَلِّغُنَا بِهَا اَقْصَى الْغَايَاتِ مِنْ جَمِيعِ الْخَيْرَاتِ فِى الْحَيَاتِ وَبَعْدَ الْمَمَاتِ.

*Allāhumma ṣalli ʿalā Sayyīdinā Mouḥammadin ṣalātan tunjīnā bihā min jamīʿi ʼl-aḥwāli wa ʼl-āfāti wa taqḍī lanā bihā min jamīʿi ʼl-ḥājāti wa tuṭahhirunā bihā min jamīʿi ʼs-sayyiʼāti wa tarfaʿunā bihā ʿindaka ʿalā ʼd-darajāti wa tuballighunā bihā aqṣā ʼl-ghāyāt min jamīʿi ʼl-khayrāti fi ʼl-ḥayāt wa baʿd al-mamāt.*

Ô Allāh! Exalte Mouḥammad de bénédictions qui nous délivreront de toute angoisse et affliction, grâce auxquelles tous nos besoins seront comblés, par lesquelles nous serons purifiés de nos pêchés, par le biais desquelles nous serons élevés aux plus hautes stations et par lesquelles nous atteindrons l'apogée de tout ce qui est bien dans cette vie et dans celle après la mort.

## 4) Ṣalāt al-ʿĀlī al-Qadr (pour la claustrophobie)

**(À réciter dix fois après ʿIshā / 1 fois la nuit de Jumūʿah)**

Tel que mentionné par plusieurs awlīyāullāh dans le livre *Sharḥ Ṣalawāt ad-Dardīr al-ʿAllāmah as-Sāwī,* la récitation de cette *ṣalawāt* éliminera la claustrophobie et vous apportera tranquillité dans la tombe. Elle éliminera aussi la peur des anges qui interrogent, Munkar et Nakīr. Quiconque récite cette *ṣalawāt* une fois chaque vendredi, à sa mort, le Prophète ﷺ l'accompagnera à son enterrement et l'enterrera avec ses propres mains bénites!

Plusieurs *awlīyāullāh* ont dit: «Quiconque récite cette *ṣalawāt* ne serait-ce qu'une fois le vendredi ou à partir du jeudi soir, Allāh ﷻ permettra à son âme de voir le Modèle de toutes les âmes ﷺ», non seulement lorsque son âme sort de son corps mais aussi lorsqu'ils l'emmènent à sa tombe jusqu'à ce qu'il voit que le Prophète ﷺ est celui qui prend soin de lui dans cete tombe. Les *Awlīyāullāh* disent d'être constants dans la lecture de la *Ṣalāt al-ʿĀlī al-Qadr* dix fois par jour et une fois la nuit de Jumuʿah, ce qui vous apportera *khayr al-jasīm*, les innombrables bienfaits issus de cela. De même, le livre *Faṭḥ ar-Rasūl* mentionne que celui qui la récite dix fois après ʿIshā sera récompensé comme s'il l'avait lue toute la nuit.

اللَّهُمَّ صَلِّ وَسَلِّمْ وَبَارِكْ عَلَى سَيِّدِنَا مُحَمَّدٍ النَّبِيِّ الأُمِّيِّ الْحَبِيبِ الْعَالِي الْقَدْرِ الْعَظِيمِ الْجَاهِ وَعَلَى آلِهِ وَصَحْبِهِ وَسَلِّمْ

*Allāhumma ṣalli wa sallim wa barik ʿalā Sayyīdinā Mouḥammadi 'n-Nabīyyi 'l-Umīyyi 'l-Ḥabībi 'l-ʿālīyyi 'l-qadri 'l-ʿaẓīmi 'l-jāhi wa ʿalā ālihi wa Ṣaḥbihi wa sallim.*

Ô Allāh! Exalte, salue et bénis notre maître Mouḥammad, le Prophète illettré, le Bien-aimé à la valeur la plus élevée, possédant l'immense statut, ainsi que sa famille ﵃ et ses compagnons ﵃ et envoie leur la paix.

## 5) Ṣalawāt at-Tahīyyāt

**(À réciter une fois par jour)**

Le prophète ﷺ dit que toute personne qui récite cette *ṣalawāt* une fois par jour ne sentira pas les douleurs de la mort et son âme quitter ce monde avec douceur, tel que mentionné dans le hadith : «L'âme du mu'min quittera le corps tel un cheveu que l'on retire du ghee», aussi facilement. Récitez cette *ṣalawāt* en même temps que la *Jawharat al-Kamāl* au moins une fois par jour.

السَّلَامُ عَلَيْكَ أَيُّهَا النَّبِيُّ وَرَحْمَةُ اللهِ وَبَرَكَاتُهُ

*As-salāmu ʿalayka ayyuha 'n-nabīyyu wa raḥmatullāhi wa barakātuh.*

Ô Prophète! Que la paix, les bénédictions et la grâce d'Allāh soient sur toi.

# 6) Jawharat al-Kamāl, le Joyau de la Perfection

## (À réciter sept fois par jour)

Si vous lisez cette *ṣalawāt* sept fois par jour ou plus Sayyīdinā Mouḥammad ﷺ vous aimera d'un amour spécial et vous ne quitterez pas la *dunyā* sans devenir un *walī* d'Allah!

En récitant cette *ṣalawāt*, vous mentionnez les plus hauts noms du Prophète ﷺ, à travers lesquels Allāh ﷻ vous ouvrira ce qu'Il a ouvert pour Ses *Awlīyā*.

اللَّهُمَّ صَلِّ وَسَلِّمْ عَلَى عَيْنِ الرَّحْمَةِ الرَّبَّانِيَةِ

وَالْيَاقُوتَةِ الْمُتَحَقِّقَةِ الْحَائِطَةِ بِمَرْكَزِ الْفُهُومِ وَالْمَعَانِي،

وَنُورِ الأَكْوَانِ الْمُتَكَوِّنَةِ الآدَمِي صَاحِبِ الْحَقِّ الرَّبَّانِي،

الْبَرْقِ الأَسْطَعِ بِمُزُونِ الأَرْبَاحِ الْمَالِئَةِ لِكُلِّ مُتَعَرِّضٍ مِنَ الْبُحُورِ وَالأَوَانِي، وَنُورِكَ اللاَّمِعِ الَّذِي مَلأْتَ بِهِ كَوْنَكَ الْحَائِطِ بِأَمْكِنَةِ الْمَكَانِي،

اللَّهُمَّ صَلِّ وَسَلِّمْ عَلَى عَيْنِ الْحَقِّ الَّتِي تَتَجَلَّى مِنْهَا عُرُوشُ

الحَقَـائِقِ عَيْـنِ المَـعَارِفِ الأَقْـوَمِ صِـرَاطِـكَ التَّـامِّ الأَسْـقَـمِ، اللَّهُـمَّ صَـلِّ وَسَلِّـمْ عَلَى طَلْعَةِ الحَـقِّ بَالحَـقِّ الكَـنْزِ الأَعْـظَمِ إِفَـاضَتِـكَ مِنْـكَ إِلَيْـكَ إِحَـاطَـةِ النُّـورِ المُطَـلْسَـمِ صَلَّـى اللهُ عَلَيْـهِ وَعَـلَى آلِـهِ، صَـلاَةً تُعَرِّفُنَـا بِـهَا إِيَّـاهُ

*Allāhumma ṣalli wa sallim ʿalā ʿayni 'r-raḥmati 'r-rabbānīyyati wa 'l-yāqūtati 'l-mutaḥaqqiqati 'l-ḥā'iṭati bi-markazi 'l-fuhūmi wa 'l-maʿānī. Wa nūri 'l-akwāni 'l-mutakawwinati 'l-ādamīyy ṣāḥibi 'l-ḥaqqi 'r-rabbānī. Al-barqi 'l-asṭaʿi bi-muzūni 'l-arbāḥi 'l-mā'ilati li-kulli mutaʿarriḍi mina 'l-buḥūri wa 'l-awānīyy. Wa nūrika 'Llāmiʿi 'Lladhī malā'ta bihi kawnaka 'l-ḥā'iṭi bi-amkinati 'l-makānī.*

*Allāhumma ṣalli wa sallim ʿalā ʿayni 'l-ḥaqqi 'Llatī tatajallā minhā ʿurūshu 'l-ḥaqāiqi ʿayni 'l-maʿārifi 'l-aqwamu ṣirāṭika 't-tāmmi 'l-asqam. Allāhumma ṣalli wa sallim ʿalā ṭalʿati 'l-ḥaqqi bi 'l-ḥaqqi 'l-kanzi 'l-āʿẓami ifāḍatika minka ilayka iḥāṭati 'n-nūri 'l-muṭalsam. Sall-Allāhu ʿalayhi wa ʿalā ālihi ṣalātan tuʿarrifunā bihā iyyāh.*

Ô Allāh! Exalte et salue la Source de Miséricorde divine!

Le vrai rubis qui englobe le centre de compréhension et de significations! La Lumière du monde qui est en fait le fils d'Adam! Le Possesseur de vérité divine! L'éclair le plus lumineux dans les nuages de pluie favorables qui remplissent toutes les mers interposées en réceptacles! La Lumière éclatante avec laquelle Tu as rempli l'univers et qui entoure les lieux d'existence!

Ô Allah! Bénis et salue la Source de vérité à partir de laquelle les manifestations de réalités sont évidentes! La Source de connaissance, le Plus intègre, le Chemin complet et le Plus droit! Ô Allah ! Bénis et salue l'Apparition de la vérité par la vérité! Le plus grand Trésor! Ton débordement qui vient de Lui-même à lui-même! Le Cercle de lumière mystérieuse! Qu'Allah bénisse le Prophète ﷺ et sa famille, une prière qui nous amène à le connaître.

## 7) Ṣalawāt Ūli 'l-ʿAzam

### (À réciter trois fois par jour)

La récitation de cette *ṣalawāt* trois fois équivaut à la lecture du complète du *Dalā'il al-Khayrāt*.

اللَّهُمَّ صَلِّ عَلَى سَيِّدِنَا مُحَمَّدٍ وَسَيِّدِنَا آدَم وَسَيِّدِنَا نُوحٍ وَسَيِّدِنَا إِبْرَاهِيمَ وَسَيِّدِنَا مُوسَى وَسَيِّدِنَا عِيسَى وَمَا بَيْنَهُمْ مِن النَّبِيِّين وَالْمُرْسَلِين صَلَوَاتُ اللهِ وَسَلَامُهُ عَلَيهِمْ أَجْمَعِينَ.

*Allāhumma ṣalli ʿalā Sayyīdinā Mouḥammadin wa Sayyīdinā Ādama wa Sayyīdinā Nūḥin wa Sayyīdinā Ibrāhīma wa Sayyīdinā Mūsā wa Sayyīdinā ʿIsā wa mā baynahum mina 'n-nabīyyīna wa 'l-mursalīna Ṣalawātu 'Llāhi wa salāmuhu ʿalayhim ajmaʿīn.*

Ô Allāh exalte nos maîtres Mouḥammad, Adam, Abraham, Moïse et Jésus, et tous les prophètes et messagers entre eux ; que les prières et la paix d'Allāh soient sur eux tous!

## 8) La Ṣalawāt de Grandcheikh ʿAbdAllāh

**(À réciter cent fois par jour)**

Grandcheikh ق disait que si vous ne pouvez pas réciter le *Dalā'il al-Khayrāt* faisant partie de votre wird quotidien, récitez cette *ṣalawāt* 100 fois, ce qui est la manière la plus facile et simple de faire des *ṣalawāts* sur le Prophète ﷺ puisque cela montre l'humilité du Prophète ﷺ envers son Seigneur. C'est pour cela qu'il est important de réciter le *Dalā'il al-Khayrāt* mais si vous ne pouvez pas alors récitez cette *ṣalāt* 100 fois, ce qui équivaut à la lecture quotidienne d'un chapitre du *Dalā'il al-Khayrāt* et le conseil de Grandhaykh ق pour nous tous est le suivant:

> Ô mon fils/ma fille bien-aimé(e)! Dans le but d'atteindre la sécurité et par la guidance d'Allah, j'ai compilé pour toi les trésors de *ṣalawāt* sur le Prophète ﷺ. Garde-les et ne les perds pas. Avec la *barakah* de la *ṣalāt ʿalā an-Nabi* ﷺ et avec la meilleure des salutations, Ô mon fils, tâche de ne pas perdre la *ṣalāt* sur le Prophète ﷺ car nous perdons beaucoup! Tâche de ne pas la

négliger car la *ṣalāt* sur le Prophète ﷺ est si bénéfique et si appréciée par la Présence Divine! C'est la voie et la porte de la perfection et c'est la plus grande porte d'entrée! Ô mon fils! Je te conseille d'en prendre soin, peut-être que tu rencontreras le Prophète ﷺ en rêve ou en vision en état de veille.

اَللَّهُمَّ صَلِّ عَلَى مُحَمَّدٍ وَعَلَى آلِ مُحَمَّدٍ وسَلِّم

*Allāhumma ṣalli ʿalā Mouḥammadin wa ʿalā āli Mouḥammadin wa sallim.*

Ô Allāh! Envoie bénédictions et paix sur Mouḥammad ﷺ et sur la famille de Mouḥammad ﷺ.

## 9) Ṣalawāt al-Askandarī

**(À réciter dix fois par jour)**

Un jour Jamāluddīn bin ʿAlī Askandarī ﵁ vit le Prophète ﷺ en rêve, lui disant: «Ô Mouḥammad Ibn ʿAlī Askandarī! Je vais t'enseigner certains mots; si tu les récites dix fois, ce sera comme si tu avais récité ton *wird* (dévotions spirituelles) en entier, jour et nuit avec tous ses bienfaits. Répète après moi» et nous le disons maintenant après le Prophète ﷺ:

اللَّهُمَّ صَلِّ عَلَى سَيِّدِنَا مُحَمَّدٍ السَّابِقِ لِلْخَلْقِ نُورُهُ وَرَحْمَةً لِلْعَالَمِينَ ظُهُورُهُ عَدَدَ مَنْ مَضَى مِنْ خَلْقِكَ وَمَنْ بَقِيَ وَمَنْ سَعِدَ مِنْهُم وَمَنْ شَقِيَ صَلَاةً تَسْتَغْرِقُ الْعَدَّ وَتُحِيطُ بِالْحَدِّ صَلَاةً لَا غَايَةَ لَهَا وَلَا إِنْتِهَاء ولا أمد لها وَلَا انْقِضَاء صَلَاةً دَائِمَةً بِدَوَامِكَ باقية ببقائك وَعَلَى آلِهِ وَصَحْبِهِ وَسَلِّمْ تَسْلِيمًا مِثْلَ ذَلِكَ.

اللَّهُمَّ صَلِّ عَلَى مُحَمَّدٍ وَعَلَى آلِ مُحَمَّدٍ وَاجْزِ مُحَمَّداً عَنّا مَا هُوَ أَهْلُه اللَّهُمَّ صَلِّ عَلَى مُحَمَّدٍ وَعَلَى آلِ مُحَمَّدٍ عَدَدَ مَا عَلِمْتَ وَزِنَةَ مَا عَلِمْتَ وَمِلْءَ مَا عَلِمْتَ اللَّهُمَّ صَلِّ وَسَلِّم وَبَارِك عَلَى سَيِّدِنَا

وَ مولَانا مُحَمَّدٍ وَ عَلَى كُلِ نَبِي وَ عَلَى جِبرِيلَ وَ عَلَى كُل مَلَك وَ عَلَى ابي بكر وَ عَلَى كُل وَلِي.

*Allāhumma ṣalli ʿalā Sayyīdinā Mouḥammadini 's-sābiqi li 'l-khalqi nūruhu wa 'r-raḥmatan li 'l-ʿālamīna ẓuhūruhu ʿadada man madā min khalqika wa man baqīya wa man saʿida minhum wa man sḥaqīya ṣalātan tastaghriqu 'l-ʿadda wa tuḥītu bi 'l-ḥaddi ṣalātan lā ghāyata lahā wa lā 'ntihā wa lā amada lahā wa lā 'nqiḍā ṣalātan dā'imatan bi-dawāmika bāqīyatan bi-baqā'ika wa ʿalā ālihi wa Ṣaḥbihi wa sallim taslīman mithla dhālik.*
*Allāhumma ṣalli ʿalā Mouḥammadin wa ʿalā āli Mouḥammadin w'ajzi Mouḥammadan ʿanna mā huwa ahluhu. Allāhumma ṣalli ʿalā Mouḥammadin wa ʿalā āli Mouḥammadin ʿadada mā ʿalimta wa zinata mā ʿalimta wa mil'ā mā ʿalimta. Allāhumma ṣalli wa sallim wa bārik ʿalā Sayyīdinā wa Mawlanā Mouḥammadin wa ʿalā kulli nabīyyin wa ʿalā Jibrā'īla wa ʿalā kulli malakin wa ʿalā Abī Bakrin wa ʿalā kulli walīyy.*
Ô Allāh! Exalte notre maître Mouḥammad dont la lumière précède toute création, dont l'apparence est une miséricorde pour tout le monde, au nombre de Tes Créations qui sont déjà passées et

au nombre de celles qui restent, celles qui sont fortunées et celles qui ne le sont pas, avec des bénédictions qui excèdent tout décompte et qui englobent toute limite, des bénédictions sans limites, sans frontières, des bénédictions incessantes qui sont éternelles, endurantes comme Tu endures! De même, bénis sa famille et ses compagnons et accorde-lui et eux aussi une paix abondante de la même mesure.

Ô Allah, Ô mon Seigneur! Exalte notre maître Mouḥammad et la famille de Mouḥammad et récompense notre maître Mouḥammad tel qu'il mérite d'être récompensé.

Ô Allah! Exalte Mouḥammad et la famille de Mouḥammad au nombre de Ta connaissance, au nombre de Tes Décorations de Ta connaissance, et à la pleine mesure de Ta connaissance.

Ô Allāh, Ô mon Seigneur! Exalte, salue et bénis notre maître Mouḥammad ainsi que chaque prophète, Jibrīl et chaque ange, Aboū Bakr ainsi que chaque saint.

## 10) Ṣalawāt al-Bakrī

Dans le livre *Kounoūz al-Asrār*, page 30, il est mentionné que cette salawāt équivaut à 100000 *ṣalawāt*.

اللَّهُمَّ صَلِّ عَلَى سَيِّدِنَا مُحَمَّد وَعَلَى آلِهِ صَلاةً تَزِنُ الأرضِينَ

وَالسَّمَواتِ عَدَدَ مَا فِي عِلمِكَ عَدَدَ جَواهِرِ أفرَادِ كُرَةِ العَالَمِ

وَأضعَافَ ذَلِكَ إنَّكَ حَمِيدٌ مَجِيد

*Allāhoumma salli ʿalā Sayyīdinā Mouhammadin wa ʿalā ālihi salātan tazina 'l-arḍīna wa ʻs-samawāti ʿadada mā fī ʿilmika ʿadada jawāhiri afrādi kourrati 'l-ʿālam wa aḍʿāfa dhālika innaka hamīdoun majīd.*

Ô Allāh! Bénie Sayyīdinā Mouhammad et sa famille, doublement, à la mesure des cieux et terres et au nombre des joyaux au sein de l'univers car Tu es Digne de Louange et Glorieux!

## 11) La Ṣalawāt qui Équivaut à 100.000 Ṣalawāts

**(À réciter une fois par jour)**

اللّٰهُمَّ صَلِّ عَلَى سَيِّدِنَا مُحَمَّدٍ عَبدِكَ ونَبِيِّكَ ورَسُولِكَ النَبِيّ الأُمِّيّ وعَلَى آلِهِ وصَحْبِهِ وَسَلِّمْ تَسلِيماً. بِقَدرِ عَظَمَةِ ذَاتِكَ فِى كُلِّ وَقتٍ وحِين

*Allāhumma ṣalli ʿalā Sayyīdinā Mouḥammadin ʿabdika wa nabīyyika wa rasūlika an-nabīyyi 'l-ummīyy wa ʿalā ālihi wa Ṣaḥbihi wa sallim taslīman bi qadari ʿazhamati dhātika fī kulli waqtin wa ḥīn.*

Ô Allāh! Envoie des prières sur Sayyīdinā Mouḥammad, Ton serviteur, Ton Prophète et Ton Messager, le Prophète illetré et envoie tant de paix et de bénédictions que la Magnificence de Ton Essence, en tout temps et à chaque moment.

## 12) Ṣalāt al-Kāmil, la Prière Parfaite sur le Prophète ﷺ

### (À réciter une fois par jour entre Maghrib et ʿIshā)

Celle-ci est la *Ṣalawāt* la plus honorée dont les *awlīyāullāh* ont dit qu'une récitation équivaut à 70.000 *Ṣalawāts*. Dans l'école Shafiʿī l'on dit qu'elle est rétribuée sans fin, comme la Perfection d'Allah qui est sans fin! Elle est récitée entre Maghrib et ʿIshā, notemment pour enlever l'oubli et renforcer la mémoire.

اَللَّهُمَّ صَلِّ وَسَلِّمْ وَبَارِكْ عَلَى سَيِّدِنَا مُحَمَّدٍ وَعَلَى آلِهِ كَمَا لاَ نِهَايَةَ لِكَمَالِكَ وَعَدَدَ كَمَالِهِ

*Allāhumma ṣalli wa sallim wa bārik ʿalā Sayyīdinā Mouḥammadin wa ʿalā ālihi kamā lā nihāyata li-kamālika wa ʿadada kamālih.*

Ô Allāh! Octroie Tes bénédictions, paix et Grâce à notre Maître Mouḥammad et à sa famille sans fin tout comme il n'y a pas de fin à Ta perfection et au nombre de perfections dont Tu l'as revêti!

## 13) Ṣalawāt Kamālīya, la Louange de la Perfection

La Ṣalawāt Kamālīya ressemble à l'aṣ-Ṣalāt al-Kāmil à l'exception de l'addition suivante: «*ʿadada kamālillāh wa kamā yalīqou bi kamālihi*» qui signifie «à la mesure de la Perfection d'Allāh comme cela Lui sied et non seulement et non seulement notre entendement mais le Perfection Divine pure et simple, dans sa forme la plus accomplie, transcendant le créé.

Dans certaines narrations adoptées par l'école Chāfiʿī et au Moyen-Orient, il est dit que la récompense de cette salawāt est illimitée et donc ne saurait égaler 600000 ou 1000000 *ṣalawāt* car la Perfection d'Allāh est incommensurable.

اللَّهُمَّ صَلِّ وَبَارِكْ عَلَى سَيِّدِنَا مُحَمَّدٍ وَعَلَى آلِهِ عَدَدَ كَمَالِ اللهِ وَكَمَا يَلِيقُ بِكَمَالِهِ

*Allāhoumma salli wa bārik ʿalā Sayyīdinā Mouhammadin wa ʿalā ālihi ʿadada kamālillāh wa kamā yalīqou bi kamālihi.*

Ô Allāh! Accorde Tes bénédictions, paix et grâce sur notre maître Mouhammad et sur sa famille conformément à la Perfection d'Allāh ﷻ et comme il convient à sa perfection!

## 14) Ṣalāt as-Saʿadah, Louanges de Bonheur

**(À réciter une fois ou soixante-dix fois par jour)**

Dans le livre *Afḍal as-Ṣalawāt* par Cheikh Aḥmad as-Sāwī, l'on mentionne que si vous récitez une fois cette *ṣalawāt*, la récompense est la même que la récitation de *ṣalawāt* 600.000 fois et si vous la récitez 70 fois par jour, vous serez libéré du feu de l'enfer.

اللَّهُمَّ صَلِّ عَلَى سَيِّدِنَا مُحَمَّدٍ عَدَدَ مَا فِي عِلْمِ اللهِ صَلاَةً دَائِمَةً بِدَوَامِ مُلْكِ اللهِ.

*Allāhumma ṣalli ʿalā Sayyīdinā wa Mawlanā Mouḥammadin ʿadada mā fī ʿilmillāhi ṣalātan dā'imatan bi-dawāmi mulkillāh.*

Ô Allāh! Exalte et envoie la paix sur notre maître Mouḥammad au nombre de ce qui existe dans la Connaissance d'Allah, avec des prières continuelles tant que le Royaume d'Allah existe.

## 15) Ṣalawāt adh-Dhātīyyah, Prière de Son Essence

**(À réciter une fois par jour)**

La *Ṣalawāt adh-Dhātīyyah* emploie une langue arabe peu courante. Sayyīdinā Muḥyuddīn ibn ʿArabi ق la compila et elle a tant de significations profondes, cachées! Cette *ṣalawāt* fut trouvée dans la masjid de l'Université al-Azhar en Égypte et apparaît aussi dans de vieux exemplaires du *Dalā'il al-Khayrāt*. Une récitation de cette *ṣalawāt* vous apportera d'innombrables *barakah*, comme si vous récitiez le *Dalā'il al-Khayrāt* toute la journée, chaque jour et vous aurez 70.000 récompenses et bénédictions!

اللَّهُمَّ صَلِّ عَلى الذّاتِ المُطَلْسَمِ وَالْغَيْبِ المُطَمْطَمِ لاَهُوتِ
الْجَمَالِ نَاسُوتِ الْوِصَالِ طَلْعَةِ الْحَقِّ كنزِ عَينِ اِنْسَانِ الْأزَلِ فِي نَشْرِ
مَنْ لَمْ يَزَلْ فِي قَابَ نَاسُوتِ الْوِصَالِ الْاَقْرَبِ اللَّهُمَّ صَلِّ بِهِ مِنْهُ
فِيهِ عَلَيْهِ وَسَلَّمَ.

*Allāhumma ṣalli ʿalā 'dh-dhāti 'l-muṭalsami wa 'l-ghaybi 'l-muṭamṭami lāhūti 'l-jamāli nāsūti 'l-wiṣāli ṭalʿati 'l-ḥaqqi kanzi ʿayni insāni 'l-azali fī nashri man lam yazal fī qāba nāsūti 'l-wiṣāli 'l-aqrab. Allāhumma ṣalli bihi minhu fīhi ʿalayhi wa sallam.*

Allāh ﷻ envoie ici Ses Prières et Louanges sur l'Essence du Prophète ﷺ dont nul ne connaît, étant cachée, et l'on ne peut pas pénétrer ses réalités sans connaître les codes secrets nécessaires pour les ouvrir et les décoder.

*Adh-dhāti 'l-Muṭalsam,* «l'Essence couverte que nul ne peut ouvrir.» *Al-Ghaybi 'l-Muṭamṭam,* «l'absolu invisible que nul ne peut atteindre et dont nul ne peut discuter.» *Lāhūt al-Jamāl,* il n'y a personne de plus beau que le Prophète ﷺ; il est «la beauté de cet univers et des cieux!» «*Lāhūt*" signifie "ce qui appartient à la terre» et «*Nāsūt*» est la connection de la terre aux cieux qui est Sayyīdinā Mouḥammad ﷺ.

*Ṭalʿati 'l-Ḥaqq,* «l'apparence de la vérité, où Allāh ﷻ l'a vêti des robes de Justice et de Beauté!»

*Insāni 'l-azali fī nashri man lam yazal,* «Il est l'être humain venant de Celui qui est de *l'Azal,* la prééternité, à *l'Abad,* l'éternité, qui ouvrira des secrets des Beaux noms et attributs divins.» *Fī qāba nāsūti 'l-wiṢāli 'l-aqrab,* «Il ouvre uniquement à ceux qui ont atteint la connection entre la vie terrestre et céleste, ceux à qui Il ouvre selon leur progression vers les Cieux.»

*Ṣalli bihi* (différent de "*Ṣalli ʿalayh*") signifie, «Fais la *ṣalāt* à travers le Prophète ﷺ, *minhu,* 'à partir de lui et pour lui', *fīhi,* 'en lui', et *ʿalayhi,* 'sur lui!»

## 16) Variation de la Ṣalawāt al-Askandarī

### (À réciter une fois par jour)

Si vous récitez ceci une fois, Allāh ﷻ annulera 100.000 pêchés! Avec une seule récitation de cette *ṣalawāt* Allāh ﷻ pardonnera et supprimera 100.000 pêchés graves, *kabā'ir*; avec deux récitations, 200.000 pêchés graves; avec trois récitations, 300.000 pêchés graves; et avec dix récitations, un million de pêchés graves!

اللّٰهُمَّ صَلِّ عَلَى سَيِّدِنَا مُحَمَّدٍ السَّابِقِ لِلْخَلْقِ نُوْرُهُ، وَالرَّحْمَةِ
لِلْعَالَمِيْنَ ظُهُوْرُهُ، عَدَدَ مَنْ مَضَى مِنْ خَلْقِكَ وَمَنْ بَقِيَ، وَمَنْ سَعِدَ
مِنْهُمْ وَمَنْ شَقِيَ، صَلَاةً تَسْتَغْرِقُ الْعَدَّ، وَتُحِيْطُ بِالْحَدِّ، صَلَاةً لَا
غَايَةَ لَهَا وَلَا مُنْتَهَى وَلَا إِنْقَضَا، وَتُنِيْلُنَا بِهَا مِنْكَ الرِّضَا، صَلَاةً
دَائِمَةً بِدَوَامِكَ وَبَاقِيَةٌ بِبَقَائِكَ الَى.يَوْمِ الدِّيْنِ، وَعَلَى آلِهِ وَصَحْبِهِ
وَسَلِّمْ مِثْلَ ذَلِكَ

*Allāhumma ṣalli ʿalā Sayyīdinā Mouḥammadini 's-sābiqi li 'l-khalqi nūruhu wa 'r-raḥmati li 'l-ʿālamīna ẓuhūruhu ʿadada man madā min khalqika wa man baqīya wa man saʿida minhum wa man sḥaqīya ṣalātan tastaghriqu 'l-ʿadda wa tuḥītu bi 'l-ḥaddi ṣalātan lā ghāyata lahā wa lā muntahā wa lā 'nqiḍā wa tunīlanā bihā minka 'r-riḍā ṣalātan dā'imatan bi-dawāmika bāqīyatun bi-baqāika ilā yawmi 'd-dīni wa ʿalā ālihi wa Ṣāḥbihi wa sallim mithla dhālik.*

Ô Allāh! Exalte notre maître Mouḥammad dont la lumière précède toute création, dont l'apparence est une miséricorde pour tout le monde, au nombre de Tes Créations qui sont déjà passées et au nombre de celles qui restent, celles qui sont fortunées et celles qui ne le sont pas, avec des bénédictions qui excèdent tout décompte et qui englobent toute limite, des bénédictions sans limites, sans frontières, des bénédictions incessantes et qui sont éternelles, endurantes comme Tu endures! De même, bénis sa famille et ses compagnons et accorde-lui et eux aussi une paix abondante de la même mesure.

Ô Allah! Bénis notre maître Mouḥammad ﷺ, dont

le cœur est si rempli de Ta Gloire, dont les yeux sont si remplis de Ta Beauté qu'il devint enchanté, soutenu et victorieux! De même, bénis sa famille et ses compagnons et accorde-lui et eux une paix abondante. Gloire à Allāh ﷻ pour tout cela. (*Dalā'il al-Khayrāt*)

## 17) Sayyid aṣ-Ṣalawāt, la Principale Ṣalawāt sur le Prophète ﷺ

En complément à la Salawāt de Sayyīdinā ʿAlī, celle-ci fut remise à Cheikh Charafouddin ق par le Prophète ﷺ au cours d'une vision qui lui dit: «La récitation de cette salawāt ne serait-ce qu'une fois dans ta vie est plus méritoire que si toutes les créatures se tenaient en salawāt pendant 24 heures, chaque jour de leur vie. Cette salawāt aurait pèsera plus sur la balance que toutes leurs salawāts combinées.

De même, si vous récitez cette salawāt devant la Mouwājaha al-Charifah (le Saint Seuil du tombeau du Prophète ﷺ) à Madīnatou 'l-Mounawwara, non seulement vous recevrez les récompenses des salawāt de toute la création mais vous les recevrez directement d'Allāh ﷻ et il n'y a aucun moyen de mesurer cette rétribution.

على أَشْرَفِ العالَمِينَ سَيِّدِنا مُحَمَّدٍ الصَلَوات

على أَفْضَلِ العالَمِينَ سَيِّدِنا مُحَمَّدٍ الصَلَوات

على أَكْمَلِ العالَمِينَ سَيِّدِنا مُحَمَّدٍ الصَلَوات

صَلَواتُ اللهِ تعالى ومَلائِكَتِهِ وأنبيائه ورَسُلِهِ وجَميعِ خَلْقِهِ على مُحَمَّدٍ وعلى آلِ مُحَمَّدٍ، عليه وعليهمُ السَّلامُ ورَحْمَةُ اللهِ تَعالى وبَرَكاتُهُ ورَضِيَ اللهُ تَبارَكَ وتَعالى عَنْ سادَاتِنا أَصْحابِ رَسُولِ اللهِ أَجْمَعين وعَنِ التَّابِعينَ بِهِم بِإِحْسان وعَنِ الأَئِمَّة المُجْتَهِدين الماضين وعَنِ العُلَماءِ المُتَّقين وعَنِ الأَوْلياءِ الصالِحين وعَن مَشايخِنا في الطَرِيقةِ النَقْشبَنْدِيّة العَلِيّة، قدَّسَ اللهُ تَعالى أَرْواحَهُمُ الزَكِيّة ونَوَّر اللهُ تَعالى أَضْرِحَتَهُم المُبارَكة وأعادَ اللهُ تَعالى علينا من بَرَكاتِهِم وفُيُوضاتِهِم دائِمًا والحَمدُ للهِ رَبِّ العالَمِين - الفاتِحة

*'Alā achrafi 'l-'ālamīna Sayyīdinā Mouhammadini 's-salawāt.*
*'Alā afdali 'l-'ālamīna Sayyīdinā Mouhammadini 's-salawāt.*

*ʿAlā akmali ʾl-ʿālamīna Sayyīdinā Mouhammadini ʾs-salawāt.*

*Salawātoullāhi taʿālā wa malāʾikatihi wa anbīyāihi wa roussoulihi wa jamīʿi khalqihi ʿalā Mouhammadin wa ʿalā āli Mouhammad ʿalayhi wa ʿalayhimou ʿs-salām wa raḥmatoullāhi taʿālā wa barakātouh.*

*Wa raḍīy-Allāhou tabāraka wa taʿālā ʿan sādātinā aṣḥābi rassoūlillāhi ajmaʿīn. Wa ʿani ʿt-tābiʿīna bihim bi-ihsānin, wa ʿani ʿl-aʾimmati ʾl-moujtahidīni ʾl-māḍīn, wa ʿani ʿl-ʿoulamāi ʾl-mouttaqīn, wa ʿani ʿl-awlīyāi ʿs-sāliḥīn, wa ʿan machāyikhinā fi ʿt-tarīqati ʾn Naqshbandīyyati ʿl-ʿalīyyah, qaddas-Allāhou taʿālā arwāḥahoumou ʾz-zakīyyat wa nawwar-Allāhou taʿālā aḍriḥatahoumou ʾl-moubārakah wa aʿād-Allāhoū taʿālā ʿalaynā min barakātihim wa fouyoūḍātihim dāʾiman wa ʿl-ḥamdoulillāhi rabbi ʿl-ʿālamīn. Al-Fātiḥah.*

Bénédictions sur le plus noble de toute la création, notre maître Mouhammad!

Bénédictions sur le plus préféré de toute la création, notre maître Mouhammad!

Bénédictions sur le plus parfait de toute la

création, notre maître Mouhammad!

Que les bénédictions d'Allāh ﷻ, de Ses anges, de Ses prophètes, de Ses messagers et de toute la Création soient sur Mouhammad et la famille de Mouhammad; que la Paix et la Miséricorde d'Allāh ﷻ et Ses bénédictions soient sur lui et sur eux.

Qu'Allāh ﷻ soit satisfait de chacun de nos leaders, les Compagnons de l'Émissaire d'Allāh ﷻ et de tous ceux qui les ont suivis dans l'excellence, des premiers jurisconsultes, des érudits pieux, des saints vertueux et de nos cheikhs dans l'Ordre Exalté Naqchbandi. Qu'Allāh ﷻ sanctifie leurs âmes pures et illumine leurs tombes bénies. Qu'Allāh ﷻ nous pourvoie de leurs bénédictions et de manne céleste qui leur échoit. La louage exclusive revient à Allāh ﷻ, le Seigneur des mondes!

Al-Fātihah.

## 18) La Ṣalawāt de Sayyīdinā ʿAlī ؓ

**(À réciter trois fois par jour, cent fois le jour de Jumuʿah)**

Sayyīdinā ʿAlī ؓ dit: « Si vous récitez cette ṣalawāt trois fois par jour et cent fois le jour de jumu'ah, ce sera comme si vous avez récité les *ṣalawāt*s de toute la création, incluant celles des ins (humains), jinns, des anges et de toute chose qui fait des *ṣalawāt*s sur Sayyīdinā Mouḥammad ﷺ et le Prophète ﷺ vous prendra par la main jusqu'au paradis.» Cette *ṣalawāt* est la porte à Sayyīdinā Mouḥammad ﷺ, comme elle a été donnée à Sayyīdinā ʿAlī ؓ par le Prophète ﷺ.

صَلَواتُ اللهِ تعالى ومَلائِكَتِهِ وأنبيائه ورَسُلِهِ وجَميعِ خَلْقِهِ على مُحَمَّدٍ وعلى آلِ مُحَمَّدٍ، عليه وعليهمُ السَّلامُ ورَحْمَةُ اللهِ تَعالى وبَرَكاتُهُ.

*Ṣalawātullāhi taʿālā wa malā'ikatihi wa anbīyā'ihi wa rusulihi wa jamiʿī khalqihi ʿalā Mouḥammadin wa ʿalā āli Mouḥammad ʿalayhi wa ʿalayhimu 's-salām wa raḥmatullāhi taʿālā wa barakātuh.*

Que les bénédictions d'Allah l'Exalté, de Ses anges, de Ses prophètes, de Ses messagers et de toute la Création soient sur Mouḥammad et la famille de Mouḥammad; que la Paix et la Miséricorde d'Allah l'Exalté et Ses bénédictions soient sur lui et sur eux.

# À réciter le jour de *Jumū ʿah*

1. La Ṣalāt al-ʿĀlī al-Qadr, la Salutation la Plus Élevée (Pour la claustrophobie)
2. La Ṣalawāt de Sayyīdinā ʿAlī
3. Ṣalawāt Pour voir Ton Seigneur en Rêve

## 1) La Ṣalāt al-ʿĀlī al-Qadr (pour la claustrophobie)

### (À réciter dix fois après ʿIshā / une fois la nuit de Jumūʿah)

Tel que mentionné par plusieurs awlīyāullāh dans le livre *Sharḥ Ṣalawāt ad-Dardīr al-ʿAllāmah as-Sāwī,* la récitation de cette *ṣalawāt* éliminera la claustrophobie et vous apportera tranquilité dans la tombe. Elle éliminera aussi la peur des anges qui interrogent, Munkar and Nakīr. Quiconque récite cette *ṣalawāt* une fois chaque vendredi, à sa mort, le Prophète ﷺ l'accompagnera à son enterrement et l'enterrera avec ses propres mains bénites!

Plusieurs *awlīyāullāh* ont dit: «Quiconque récite cette *ṣalawāt* ne serait-ce qu'une fois le vendredi ou à partir du jeudi soir, Allāh ﷻ permettra à son âme de voir le Modèle de toutes les âmes ﷺ», non seulement lorsque son âme sort de son corps mais aussi lorsqu'ils l'emmènent à sa tombe jusqu'à ce qu'il voit que le Propète ﷺ est celui qui prend soin de lui dans cete tombe. Les *Awlīyāullāh* disent d'être constants dans la lecture de la *Ṣalāt al-ʿĀlī al-Qadr* dix fois par jour et une fois la nuit de Jumuʿah, ce qui vous apportera *khayr al-jasīm*, les innombrables bienfaits issus de cela. De même, le livre *Faṭḥ ar-Rasūl* mentionne que celui qui la récite dix fois après ʿIshā sera récompensé comme s'il l'avait lue toute la nuit.

اللَّهُمَّ صَلِّ وَسَلِّمْ وَبَارِكْ عَلَى سَيِّدِنَا مُحَمَّدٍ النَّبِيِّ الأُمِّيِّ الْحَبِيبِ
الْعَالِي الْقَدْرِ الْعَظِيمِ الْجَاهِ وَعَلَى.آلِهِ وَصَحْبِهِ وَسَلِّمْ

*Allāhumma ṣalli wa sallim wa barik ʿalā Sayyīdinā Mouḥammadi 'n-Nabīyyi 'l-Umīyyi 'l-Ḥabībi 'l-ʿālīyyi 'l-qadri 'l-ʿaẓīmi 'l-jāhi wa ʿalā ālihi wa Ṣaḥbihi wa sallim.*

Ô Allāh! Exalte, salue et bénis notre maître Mouḥammad, le Prophète illettré, le Bien-aimé à la valeur la plus élevée, possédant l'immense statut, ainsi que sa famille et ses compagnons et envoie leur la paix.

## 2) La Ṣalawāt de Sayyīdinā ʿAlī ﵁

### (À réciter trois fois par jour, cent fois le jour de Jumuʿah)

Sayyīdinā ʿAlī ﵁ dit: «Si vous récitez cette *ṣalawāt* trois fois par jour et cent fois le jour de jumuʿah, ce sera comme si vous avez récité les *ṣalawāts* de toute la création, incluant celles des *ins* (humains), jinns, des anges et de toute chose qui fait des *ṣalawāts* sur Sayyīdinā Mouḥammad ﷺ et le Prophète ﷺ vous prendra par la main jusqu'au paradis.» Cette *ṣalawāt* est la porte à Sayyīdinā Mouḥammad ﷺ, comme elle a été donnée à Sayyīdinā ʿAlī ﵁ par le Prophète ﷺ.

صَلَواتُ اللهِ تعالى ومَلائِكَتِهِ وأنبيائه ورَسُلِهِ وجَميعِ خَلْقِهِ على مُحَمَّدٍ وعلى آلِ مُحَمَّدٍ، عليه وعليهمُ السَّلامُ ورَحْمَةُ اللهِ تَعالى وبَرَكاتُهُ.

*Ṣalawātullāhi taʿālā wa malā'ikatihi wa anbīyā'ihi wa rusulihi wa jamiʿī khalqihi ʿalā Mouḥammadin wa ʿalā āli Mouḥammad ʿalayhi wa ʿalayhimu 's-salām wa raḥmatullāhi taʿalā wa barakātuh.*

Que les bénédictions d'Allah l'Exalté, de Ses anges, de Ses prophètes, de Ses messagers et de toute la Création soient sur Mouḥammad et la famille de Mouḥammad; que la Paix et la Miséricorde d'Allah l'Exalté et Ses bénédictions soient sur lui et sur eux.

## 3) Ṣalawāt Pour voir Ton Seigneur en Rêve

**(A lire 1000 fois le Vendredi, Joumou`ah)**

Dans *Kounoūz al-Asrār,* a la page 30, il est dit que quiconque récite cette *salawāt* mille fois le vendredi, *Joumouʿah* verra Allāh ﷻ dans son r□ve puisque le Prophète ﷺ a dit: «J'ai vu Mon Seigneur venir à moi en souriant». *Inchā'Allāh,* Allāh ﷻ te donnera la possibilité de voir Ses Manifestations ou Son Prophète ﷺ, ou te montrer ta place au Paradis. Si par contre si tu n'arrives à voir aucun de ceux-ci, continue alors de réciter pendant cinq semaines, car ceux qui ont essayer ont obtenu gain de cause.

Aboū Faḍl Qawmānī (Que la miséricorde d'Allāh soit sur lui) rapporte qu'une personne vint de Khourāsān et lui dit: «J'étais à Madīnat al-Mounawwara. J'ai vu le Noble Prophète ﷺ en rêve, et il m'a dit: 'Lorsque tu iras à Hamdān, transmet mes salutations à Aboū Faḍl Qawmānī.' Je demandai quelle en était la raison. Le Noble Prophète ﷺ dit: 'Il m'a envoyé des bénédictions plus de cent fois par jour.' Aboū Fadl Qawmānī dit: «Cette personne jura qu'il ne me connaissait pas ni n'ai jamais entendu mon nom sauf lorsque le Noble Prophète ﷺ l'informa dans son rêve. Je lui proposa de la nourriture mais il refusa en disant: 'Je ne ferai de troque (je ne prendrai rien en échange) pour le message du Noble Prophète ﷺ!' Je ne vit plus cette personne après ceci». (*Al-Qawl al-Badīʿ*)

اَللّٰهُمَّ صَلِّ عَلٰى سَيِّدِنَا مُحَمَّدٍ النَّبِيِّ الْأُمِّيِّ جَزَى اللّٰهُ عَنَّا مُحَمَّدًا مَّا هُوَ اَهْلُه

*Allāhoumma salli ʿalā Sayyīdinā Mouḥammadi 'n-Nabīyyi 'l-Oummīyy jazā-Allāhou ʿannā Mouhammadan mā hoūwa āhlouh.*

O Allāh! Béni notre Maître Mouhammad, le Prophète illettré. Qu'Allāh récompense Mouhammad ﷺ de notre part, des bienfaits qu'il mérite.

# À Réciter pour des Gains spécifiques

1. La Ṣalawāt Pour Voir le Prophète ﷺ en Rêve
2. La Ṣalawāt Pour Shifā (Guérison)

## 1) Ṣalawāt Pour Voir le Prophète ﷺ en Rêve

**(À réciter 71 fois)**

Pour voir le Prophète ﷺ, récitez ceci soixante et onze fois ; vous le verrez et vous sentirez sa fragrance sacrée!

اللَّهُمَّ صَلِّ عَلَى مُحَمَّدٍ وَعَلَى آلِ مُحَمَّدٍ كَمَا أَمَرْتَنَا أَنْ نُصَلِّيَ عَلَيه.

*Allāhumma ṣalli ʿalā Mouḥammadin wa ʿalā āli Mouḥammadin kamā amartanā an nuṣallīya ʿalayh.*

Ô Allāh! Exalte Mouḥammad et la famille de Mouḥammad comme Tu nous as ordonné de l'exalter.

## 2) Ṣalawāt Shafaʿah, Pour Voir le Prophète ﷺ en Rêve

### (À réciter jusqu'à ce que vous vous endormez)

L'Īmām Shaʿrānī raconta que le Prophète ﷺ dit: «Celui qui m'a vu en rêve m'a véritablement vu car shaytan ne peut pas s'approprier mon image. Quiconque fait cette *ṣalawāt* de cette manière me verra en rêve et quiconque me voit en rêve me verra le jour du jugement dernier, et quiconque me voit le jour du jugement j'intercéderai pour lui et celui pour qui j'intercède buvra de mon bassin, le Ḥawḍ al-Kawthar au Paradis, et quiconque boit d'al-Kawthar sera défendu d'entrer dans le feu de l'enfer. «Je me suis dit, "Je dois la réciter!" et je l'ai récitée jusqu'à ce que je m'endorme. J'ai regardé la lune et je vis l'honorable face du Prophète puis je lui ai parlé. Ensuite, *ghāba fi 'l-qamar*, je sentis qu'il était dans la lune jusqu'à ce qu'il disparaisse. Je demandai à Allāh ﷻ que pour l'amour de cette *ṣalawāt*, de me donner toutes les faveurs qu'Il donne, non pas les provisions normales mais celles qu'Il donna à son Bien-aimé, Sayyīdinā Mouḥammad ﷺ, qu'Il a promis à chaque mu'min, et j'ai senti que je les reçevais. (Voir *Afḍal aṣ-Ṣalawāt*, Page 58).

Regardez la lune et fermez vos yeux; vous aurez l'impression que la face honorable du Prophète y apparaît, comme le dit Īmām Sha'rānī. Récitez cette *ṣalawāt* et inshā'Allāh vous verrez le Prophète ﷺ.

اَللّٰهُمَّ صَلِّ عَلٰى رُوحِ سَيِّدِنَا مُحَمَّدٍ فِى الْاَرْوَاحِ وَعَلٰى جَسَدِهٖ فِى الْاَجْسَادِ وَعَلٰى قَبْرِهٖ فِى الْقُبُوْرِ وَعَلٰى اٰلِهٖ وَصَحْبِهٖ وَسَلِّمْ.

*Allāhumma ṣalli ʿalā rūḥi Sayyīdinā Mouḥammadin fi 'l-arwāḥi wa ʿalā jasadihi fi 'l-ajsādi wa ʿalā qabrihi fi 'l-qubūri wa ʿalā ālihi wa Ṣaḥbihi wa sallim.*

Ô Allāh! Envoie Tes bénédictions abondantes sur l'âme de Mouḥammad parmi toutes les âmes, sur le corps de Mouḥammad parmi tous les corps et sur la tombe de Mouḥammad parmi toutes les tombes et accorde une paix abondante à sa famille ainsi qu'à ses compagnons. (*Dalā'il al-Khayrāt*)

## 3) La Ṣalawāt pour Shifā (Guérison)

### (À réciter trois fois à Fajr)

Par le biais de cette *ṣalawāt*, dès que l'on dit, «Ô Allāh! Loue le Prophète ﷺ au nombre de maladies et de remèdes», Allāh ﷻ nous enlève toutes les maladies (spirituelles et physiques) et nous donne le remède comme il existe un remède à toute maladie. Cette *ṣalawāt* sert à guérir toute maladie spirituelle parmi les 800 mauvais caractères; vous devez faire des *ṣalawāts* sur le Prophète ﷺ de cette manière avant que ces maladies éclatent sous de nouvelles formes dans votre corps. La récitation de cette *ṣalawāt* éliminera toute la rouille de votre Coeur et donnera la provision pour l'âme.

اللَّهُمَّ صَلِّ عَلَى سَيِّدِنَا مُحَمَّدٍ وَعَلَى آلِ سَيِّدِنَا مُحَمَّد بِعَدَدِ كُلِّ دَاءٍ وَ دواءٍ وَ بَارِك وَ سَلِّمْ عَليه.وَعَلَيهِمْ كَثيرًا كثيرًا وَالحَمْدُ لله رَبِّ العَالَمِينْ

*Allāhumma ṣalli ʿalā Sayyīdinā Mouḥammadin wa ʿalā āli Sayyīdinā Mouḥammad bi ʿadadi kulli dā'in wa dawā'in wa bārik wa sallim ʿalayhi wa ʿalayhim kathīran kathīra, wa 'l-ḥamdulillāhi rabbi 'l-'ālamīn.*

Ô Allāh! Que les bénédictions soient sur Mouḥammad et sur la famille de Mouḥammad, en fonction du nombre de toutes les maladies et remèdes. Bénis et accorde-lui et eux la paix, de nombreuses fois, sans fin. La louange appartient à Allāh, le Seigneur des Mondes.

(Tiré du livre d'Awrād Naqshbandī)

## 4) Ṣalawāt récitée par l'Imam ach-Chāfiʿī

ʿAbdAllāh al-Ḥakam (un grand ʿamīr à l'époque de l'Īmām Chāfiʿī) a dit: «J'ai vu l'Īmām ach-Chāfiʿī en rêve et je lui demanda: «Qu'est ce qu'Allāh a fait de toi?» et il répondit: «Il a déversé Sa Miséricorde sur moi, m'a pardonné et décoré le paradis pour moi qui m'est parvenu comme une mariée parée d'ornements pour son époux! Ils me recouvrirent d'anges et d'ornements célestes à la manière dont ils jettent des pétales de roses sur les mariés en *dounyā*». Je lui demanda: «Comment as-tu atteint ce niveau?» Il dit: «Quelqu'un m'a dit de réciter une *salawāt* particulière que j'ai faite».

Récite cette *ṣalawāt* pour entrer au Paradis sans être questionner:

اللّٰهُمَّ صَلِّ على محمد عدد ما ذكره الذاكرون وغفل عن ذكره الغافلون

*Allāhoumma salli ʿalā Mouhammadin ʿadada mā*

*dhakarahou 'dh-dhākiroūn wa ghafala ʿan dhikrihi 'l-ghāfiloūn.*

Ô Allāh! Repend les bénédictions sur Mouhammad au nombre de ceux de ceux qui se souviennent de lui, et repend les bénédictions sur Mouhammad au nombre de fois que l'ignorent les inattentifs.

www.ingramcontent.com/pod-product-compliance
Lightning Source LLC
Chambersburg PA
CBHW052108070526
44584CB00017B/2387
* 9 7 8 1 9 3 8 0 5 8 1 6 5 *